茶香紫雅

帝后轩藏壶集萃

A COLLECTION OF PURPLE CLAY POTS FROM DIHOUXUAN

张浦生 主编

文物出版社

图书在版编目(CIP)数据

茶香紫雅：帝后轩藏壶集萃 / 张浦生主编． —— 北京：文物出版社，2022.2
ISBN 978-7-5010-7453-2

Ⅰ．①茶… Ⅱ．①张… Ⅲ．①紫砂陶-陶瓷茶具-中国-图集 Ⅳ．①K876.32

中国版本图书馆CIP数据核字(2022)第027671号

茶香紫雅——帝后轩藏壶集萃

主　　编：	张浦生
责任编辑：	张小舟
责任印制：	陈　杰
书籍设计：	特木热
出版发行：	文物出版社
社　　址：	北京市东城区东直门内北小街2号楼
邮　　编：	100007
网　　址：	http://www.wenwu.com
经　　销：	新华书店
印　　刷：	北京金彩印刷有限公司
开　　本：	889mm × 1194mm　1/16
印　　张：	15
版　　次：	2022年2月第1版
印　　次：	2022年2月第1次印刷
书　　号：	ISBN 978-7-5010-7453-2
定　　价：	580.00元

本书版权独家所有，非经授权，不得复制翻印

编辑委员会

主　编　张浦生

副主编　洪敏昌

　　　　伍安宁

策　划　马　旭

摄　影　王林生

撰　写　袁翔飞

助　理　陈秀君

鉴　定　张浦生

　　　　马希桂

目录

序
——张浦生
008

1
柿蒂纹直流壶
016

2
菊瓣八楞壶
018

3
菱瓣八楞壶
020

4
金钱钮直流壶
024

5
莲子壶
026

6
镂空六方壶
028

7
泥绘山水壶
030

8
水平壶
032

9
高灯壶
034

10
文旦壶
036

11
合欢提梁壶
038

12
文旦壶
040

13
柿蒂纹瓜楞壶
042

14
梨式瓢壶
044

15
水仙壶
046

16
双弦合欢壶
050

17
粉彩莲子壶
052

18 梅桩笔架 054	24 委角秦权壶 066	30 镂空六方提梁壶 082	36 贴花龙纹壶 098
19 莲子壶 056	25 莲子壶 068	31 莲子壶 086	37 束带如意壶 100
20 水平壶 058	26 宜钧洒蓝釉莲子壶 070	32 粉彩高灯壶 088	38 平盖合欢壶 102
21 秋水壶 060	27 泥绘委角如意壶 072	33 金钟壶 092	39 井栏壶 104
22 莲子壶 062	28 六方龙嘴壶 076	34 泥绘福禄莲子壶 094	40 飞鸿延年壶 108
23 水平壶 064	29 粉彩龙纹折沿洗 078	35 宝灯壶 096	41 合欢壶 110

42 仿古回纹壶 112	49 山水西施壶 130	56 文旦壶 148
43 四方捆竹壶 116	50 井栏壶 132	57 诗文莲子壶 150
44 井栏壶 118	51 乳鼎壶 134	58 提梁壶 152
45 周盘壶 120	52 西施壶 136	59 掇只壶 154
46 石瓢壶 124	53 八卦捆竹壶 138	60 六方捆竹壶 156
47 水平壶 126	54 莲子壶 142	61 仿供春树瘿壶 160
48 掇只壶 128	55 山水纹提梁壶 144	62 传炉壶 162

63 石瓢壶 164	70 掇只壶 182	77 梨形四方壶 198	84 六瓣瓜楞壶 220
64 掇球壶 166	71 竹节壶 184	78 牛眼合欢壶 202	85 六方宫灯壶 222
65 扁腹壶 168	72 龙款掇球壶 186	79 砖方壶 204	86 掇只壶 226
66 六方诗文壶 170	73 潘壶 188	80 鱼化龙壶 208	87 一粒珠壶 228
67 掇球壶 174	74 如意钮束带壶 190	81 束带合欢壶 212	88 鼓腹四方壶 230
68 犬钮弦纹壶 176	75 水平壶 194	82 诗文提梁壶 214	后记一 ——洪立恺 232
69 龙纹锦鸡壶 178	76 矮筒壶 196	83 线圆水平壶 218	后记二 ——洪立欣 234

茶香紫雅

帝吞轩藏壶集萃

序

中华的茶文化历史久远，传承千年，美誉中外。中国是茶的故乡。相传五千年前，神农氏尝百草，日遇七十二毒，得茶而解之。茶从药用到日常饮料，形成古时尚，是有一个发展演变的过程。作为饮茶器皿，随着不同时代、不同饮茶习俗，其形制有别，亦在不断的变化。

据悉，浙江湖州博物馆典藏一件东汉末期青瓷"茶"字四系罍。它出土于1990年4月该市南郊罗家桥村一座砖室墓中，同时出土的还有青瓷碗、盏、罐，很明显是一组无疑的饮用茶具。该罍应为储茶器，口径 12.5 公分，高 33.7 公分。其制作十分精美，器身有印花菱形纹装饰，肩部刻划一个隶书"茶"字。它是我国目前所知的最早带有茶文化实物的依据。从而它也证明了湖州地区是中国茶文化的发源地之一。众所周知，中国茶圣陆羽在九世纪唐代中期又曾在此撰写出了举世有名的《茶经》，这是一册论述中国茶道的精典文献。（据说古资料有报，陕西西安隐度又寻访成中尝出中国最古老的茶叶。）

壶，是器物类别的名称，按辞海上的注释是"陶瓷或金属等制成的容器，一般有盖、嘴、柄或提梁，多用来盛液体。"中国使用壶的成就，可以上溯到四千多年前的新石器时代早期。陶瓷壶的出现和使用时间既早又广泛。作为吾越之春的紫砂陶壶，则是中国陶瓷百花园中一枝奇葩。它们与不媚不俗的文人质十分契合，以致问世以来一直受得古今人们的青睐。

宜兴地处江苏南部太湖之滨，与浙江湖州莫干山比邻。宜兴古称"荆溪"、"阳羡"、"义兴"。这里物产丰富、文化昌明，名人辈出。宜兴制陶始于新石器时代，到十五世纪明代中叶正德年间，山间寺院茶园经修盛行，禅茶成风。故而，在讲究茶理、茶道的寺院里金沙寺僧众和读书于寺中的吴颐山的书童供春一起烧制出紫砂茗壶是十分合乎情理的。1965年，南京中华门外，明嘉靖十二年司礼太监吴经墓里就出土一把宜兴紫砂提梁壶。

宜兴茗壶以当地特有的紫砂泥作毛料。其质地细腻，色泽雅静。加上精巧的工艺，造型优美，款式众多。更主要的是，它具有贮茶不变色，泡茶不失香，盛暑不变馊，寒冬不爆裂，砂有储香保温等好处。为饮茶器皿中最佳之器，令人喜爱。清初大文学家李渔在《闲情偶寄》中曾说道："茗过莫妙于砂壶，砂壶之精又莫过于阳羡"。

我们从饮茶方式来看，泡茶用壶是始于明代。唐宋二代茶道盛行，以团茶为贵，古时饮茶之法是煮茶、吴茶，茶具多采用敞盏。用壶冲泡散茶的风俗，是明开国皇帝朱元璋出身平民，出于节俭起见，提倡上贡龙团饮茶皆泡散茶，由此可见起用泡茶的使用的茶壶，应当是明代兴起的。

宜兴紫砂茶壶的兴起，我认为是创始于明代中期，以供春为其基人，这后历代出现了一批比一批承上启下，传承到新的能工巧匠、制壶大家。鼎盛于明万历至清初顺治年间，以时大彬、陈用卿为代表。发展于清康熙至乾隆年间，以陈鸣远、惠孟臣为代表。昌盛于乾隆后期至清末民初时期，以陈曼生、杨彭年、邵大亨、黄玉麟、俞国良、陈寿珍等人为代表。

常言道，"壶以名贵，名以壶传"。在近代宜兴制壶领域，先后出现了裴石民、蒋蓉、朱可心、吴云根、王寅春、顾景舟、徐汉棠、汪寅仙等等一批工艺大师。

总而言之，宜兴紫砂茶壶与中华饮茶文化紧密完美的结合，创造出了一支又成为东方魅力无穷的华夏艺术之花，代代相传，万古长青。

常香轩主人为人低调，儒雅谦和，平易近人，勤奋好学。青年时期亦如之，但因自幼喜爱中华传统文化艺术，上古纪八十年代方始我由喜爱茶艺，逐渐深化到醉爱紫砂茶壶，以此为作为养身修心的业余爱好。

四十多年来，他从民间搜集和捕集各种通常置，广泛到一百三十多把清代至近代时各式宜兴紫砂茶壶，其中有不少名师的民品佳作。可谓是粒粒尽苦辛，此收藏既是中华文明血脉，是和谐中华文化的魅力，知以载道，文以化人。

观经过鉴赏、评估，挑选出八十八把精炉，辛勤整理后，终辑于出版这本书册，给喜好收藏茗壶的同行们进行交流，衷心希望大家读后有所收益，是悦。

斯为序

南京博物院研究员
张 浦生
戊戌年新春书于沪上龙苑小居

茶香紫雅——帝后轩藏壶集萃
序

　　中华饮茶文化历史久远，传承千年，美誉中外。中国是茶的故乡。相传五千年前，神农氏尝百草，日遇七十二毒，得茶而解之。茶从药用到日常饮料，并成为时尚，是有一个发展演变的过程。作为饮茶器皿，随着不同时代，不同饮茶习俗，其质地形制，亦在不断的变化。

　　据悉，浙江湖州博物馆典藏一件东汉末期青瓷"茶"字四系罍。它出土于1990年4月该市南乡罗家浜村一座砖室墓中，同时出土的还有青瓷碗、盆、罐，很可能是一组原始饮用茶具。该罍应为储茶器，口径15.5公分，高33.7公分。其制作十分精美，器身有印花菱形纹装饰，肩部刻划一个隶书"茶"字。它是我国目前所知的最早华夏茶文化实物佐证。从而它也证明了湖州地区当是中国茶文化的发源地之一。众所周知，中国茶圣陆羽在九世纪唐代中期又曾在此撰写出了举世闻名的《茶经》，这是一册论述中国茶道的精典大作。据考古资料介绍，陕西西汉阳陵汉景帝陵中曾出土中国最古老的茶叶。

　　壶，是器物类别的名称。按《辞海》上的注释是"陶瓷或金属等制成的容器，一般有盖、咀、柄或提梁，多用来盛液体"。中国使用壶的历史，可以上溯到四千多年前的新石器时代早期。而陶瓷壶的出现与使用时间既早又广泛。作为后起之秀的宜兴紫砂陶壶，则是中国陶瓷百花园中一枝奇葩。它与不媚不俗的文人气质十分契合，以致问世以来一直博得古今人们的青睐。

宜兴地处江苏南部太湖之滨，与浙江湖州紧靠且毗邻。宜兴古称"荆溪""阳羡""义兴"。这里物产丰富、文化昌明，名人辈出。宜兴制陶于新石器时代。到十五世纪明代中叶正德年间，江南一带寺院茶园经济盛行，禅茶成风。故而，在讲究茶理、茶道的寺院里，金沙寺僧众与读书于寺中的吴颐山的书童供春一起烧制出紫砂茗壶是十分合乎情理的。1965年，在南京中华门外，明嘉靖十二年司礼太监吴经墓里就出土一把宜兴紫砂提梁壶。

宜兴茗壶以当地特有的紫砂泥作原料。其质地细腻，色泽雅静。加上精巧的手工工艺，造型优美，款式众多。更主要的是，它具有贮茶不变色，沏茶不夺香，盛暑不变馊，寒冬不爆裂，能有储香保温等特点。为饮茶茗壶中最佳之器，令人喜爱。清初大文学家李渔在《闲情偶寄》中曾说道"茗注莫妙于砂壶，砂壶之精又莫过于阳羡"。

我们从饮茶方式来看，泡茶用壶当始于明代。唐宋二代茶道盛行，以团茶为贵，当时饮茶之法是煮茶、点茶，茶具多采用瓶、盏。用壶冲泡散茶的风俗，是明开国皇帝朱元璋出身平民，出于节俭起见，提倡上层社会饮茶皆泡散茶。由此可见专门泡茶使用的茶壶，应在明代兴起的。

宜兴紫砂茗壶的历史，我认为它创始于明代中期，以供春为奠基人。之后历代出现了一批批承上启下，传承创新的能工巧匠、制壶大家。成熟于明万历至清初顺治年间，以时大彬、陈用卿为代表。发展于清康熙至乾隆年间，以陈鸣远、惠孟臣为代表。昌盛于乾隆后期至清末民初时期，以陈曼生、杨彭年、邵大亨、黄玉麟、俞国良、陈寿珍等人为代表。

常言道，"壶以名贵，名以壶传"。在近代宜兴紫砂界，先后出现了裴石民、蒋彦亭、朱可心、吴云根、王寅春、蒋蓉、顾景舟、汪寅仙等等一批工艺大师。

总而言之，宜兴紫砂茗壶与中华饮茶文化紧密完美的结合，创造出了一支久盛不衰、魅力无穷的华夏艺术之花，代代相传，万古长青。

帝后轩主人为人低调，儒雅谦和，平易近人，勤奋好学。年青时虽攻学理工，但自幼喜爱中华传统文化艺术，上世纪八十年代开始就由喜欢华夏茶艺，逐渐演化到钟爱收藏紫砂茗壶，从而将它作为养身修心的最佳业余爱好。

四十多年来，他从民间搜集和拍卖会购置，广聚到一百三十多把清代至近代的各式宜兴紫砂茗壶，其中有不少名师的良品佳作。可谓是精品荟萃，它们是承载着中华文物血脉，感知的是中华文化的魅力。物以载道，文以化人。

现经过鉴赏、评估，挑选出八十八把精品，辛勤认真的整理后，编辑出版这本图册，给喜好收藏茗壶的同行们进行交流，衷心希望大家读后有所收益，是悦。

斯为序

张浦生

南京博物院研究员

戊戌年新春书于海上片瓷山房

1　柿蒂纹直流壶

年代：明·万历

尺寸：宽14.0、高9.8 厘米

款识：时鹏

此壶莲子形，平口直流，端把，馒头钮，压盖饰柿蒂纹。

时鹏，江苏宜兴人，明代嘉靖万历年间的著名紫砂制作大师。与董翰、赵梁、元畅一起被后世称为明代紫砂四大家。所制作品造型简洁，工艺精致。其子时大彬继承其风格，并发扬光大，成为紫砂发展史上划时代的人物。

2　菊瓣八楞壶

年代：明·万历

尺寸：宽16.7、高9.3厘米

款识：李茂林造

此壶菊瓣形，舌口弯流，龙形端把，菊花钮，虚盖，底置四如意足。

李茂林，江苏宜兴人。明·周高起《阳羡茗壶系》述："李茂林，行四，名养心。制小圆式，妍在朴致中，允属名玩。"香港茶具博物馆所藏菊瓣八楞壶，与此壶同样。

3　菱瓣八楞壶

年代：明·万历

尺寸：宽16.3、高7.5厘米

款识：大彬

此壶瓜楞扁腹形，平口弯流，端把，花蕾钮，虚压盖菱边花瓣纹。

时大彬，号少山，又称大彬、时彬。明万历年间人，是明代著名紫砂四大家之一时鹏的儿子。时大彬是继供春之后，紫砂制作史上划时代的人物，紫砂艺术的一代宗匠。他开创了调砂法制壶，别具情趣。所创众多壶式，被后人传承。存世作品及其珍贵。明·许次纾《茶疏》曰："往时供春茶壶，近日时彬所制，大为时人宝惜。"

4 金钱钮直流壶

年代:明晚期

尺寸:宽15.5、高11.5厘米

款识:徐友泉制

此壶莲子形,直颈,平口直流,端把,金钱钮,压盖。

腹刻"三月吴山草 三友诗 用卿式"。

徐友泉,名士衡,明万历年间人。自小拜时大彬为师。据周高起《阳羡茗壶系》述:"友泉壶式,层出不穷,而且泥色多变,技艺高超。"谓:"综古今而合度,极变化以从心。"

5 莲子壶

年代：明末清初

尺寸：宽15.0、高10.0厘米

款识：陈子畦

此壶扁腹莲子形，平口双弯流，端把，宝珠钮，压盖。

陈子畦，天启至康熙间人，紫砂制壶名家。善仿友泉壶，《桐乡县志》云其乃陈鸣远之父。其所制壶被名家视为精品收藏。《阳羡砂壶图考》著录有二器：不耽阁藏"紫砂小壶"一具，做圆珠式，惜流缺重补。另为碧山壶馆藏"紫砂大壶"一具，形做扁花篮式，身胎甚薄，底镌"陈子畦"三字楷书。

6 镂空六方壶

年代：清仿明万历

尺寸：宽19.8、高12.8厘米

款识：大明万历九年邵文金制

此壶六方柱形，龙首平口三弯六方流，龙形六方端把，六方钮，压盖。壶身复层六面镂空雕刻富贵牡丹图。此工艺在明代无从考证，唯清乾隆起有此艺。见其形、泥、艺为后仿。

邵文金，明代万历年间人。和其弟邵文银，亦为大彬徒弟。晚明紫砂名家。明·周高起《阳羡茗壶系》述："邵文金，仿时大彬汉方，独绝。今尚寿。"

7 泥绘山水壶

年代：清仿明万历

尺寸：宽17.0、高10.0厘米

款识：陈仲美制

此壶扁方腹开窗形，舌口双弯流，端把，莲蓬钮，盈盖。腹部两面开窗，彩泥绘山水图。

陈仲美，明万历时人，原籍江西婺源。原是景德镇的制壶高手，后慕名到江苏宜兴专事紫砂。周高起《阳羡茗壶系》述：陈仲美，因为景德镇业瓷者多，难以成名，于是赴宜兴造壶，"好配壶土，意造诸玩"，可惜"心思殚竭，以夭天年"，中年就谢世了，年仅三十四岁。

8　水平壶

年代：清仿孟臣水平壶

尺寸：宽13.3、高6.8厘米

款识：如玉之珍　孟臣

此壶扁圆腹形，舌口双弯流，端把，圆珠钮，压盖。

"水平壶"是泡功夫茶的小壶统称。福建人喝功夫茶时，壶小放茶叶多，茶汁溶出不顺畅，便将茶壶放在容器内，用沸水淋浇壶身，增加茶壶温度，以利茶汁顺利溶出。壶浸在水中时能保持水平状，故叫"水平壶"。水平壶由孟臣壶演变而来，后朝各代称"水平壶"也叫"孟臣壶"，并喜欢在水平壶上落"孟臣"款识。

9　高灯壶

年代：清早期

尺寸：宽15.8、高11.0厘米

款识：惠孟臣

此壶长灯笼形，舌口三弯细流，端把，荸荠钮，压盖。

惠孟臣，明代天启年间人，祖籍宜兴，著名壶艺名家。惠孟臣擅制小壶驰名于世，后世称为"孟臣壶"。

10 文旦壶

年代：清早期

尺寸：宽10.5、高6.5厘米

款识："惠""孟臣"秋叶纹

此壶文旦形，平口直流，低端把，圆钮，嵌截盖。
"水平壶"是泡功夫茶的小壶统称。福建人喝功夫茶时，壶小放茶叶多，茶汁溶出不顺畅，便将茶壶放在容器内，用沸水淋浇壶身，增加茶壶温度，以利茶汁顺利溶出。壶浸在水中时能保持水平状，故叫"水平壶"。

11　合欢提梁壶

年代：清早期

尺寸：宽12.8、高13.0厘米

款识："陈辰""共之"

此壶双弦线合欢形，圈足，平口弯流，合欢钮，嵌截盖，弧线提梁。

《阳羡茗壶系》述："陈辰，字共之。工镌壶款，近人多假手焉，亦陶家之中书君也。""卒于顺治二年。"为明代末年制壶、镌款名家。

12　文旦壶

年代：清早期
尺寸：宽10.5、高7.0厘米
款识：瓦缶如金玉 哲如

此壶文旦形，舌口双弯细流，端把，圆珠钮，斗笠压盖。
邵哲如，清早期知名壶刻家，并制壶。存世作品很少，善作小壶。做工讲究，工艺精良，均自己刻字。

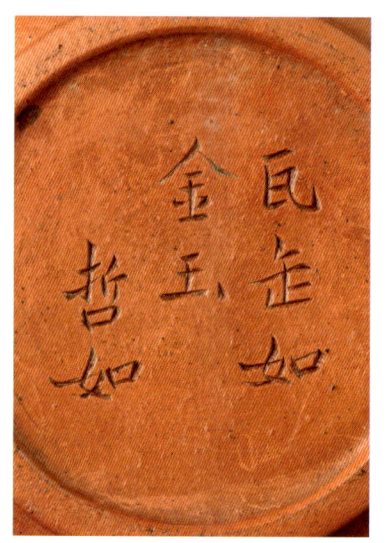

13　柿蒂纹瓜楞壶

年代：清早期

尺寸：宽10.5、高7.0厘米

款识：此缶伴名士 哲如

此壶井栏式瓜楞形，舌口双弯流，端把，圆钮，柿蒂纹压盖。邵哲如，清早期知名壶刻家，并制壶。存世作品很少，善作小壶。做工讲究，工艺精良，均自己刻字。

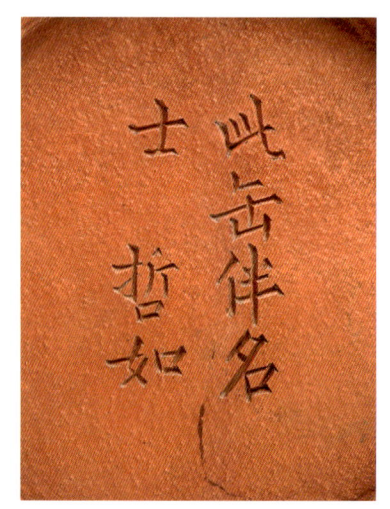

14 梨式瓢壶

年代：清早期

尺寸：宽11.5、高10.0厘米

款识：徐汝成制

此壶平口直流，端把，圆珠钮，压盖。

徐汝成，清早期壶家。文献记载寡闻，但传世之器，皆型制规置，工艺精美。天津博物馆藏有徐汝成制紫砂大碗，胎极薄，做工极美。

15　水仙壶

年代：清·康熙
尺寸：宽19.8、高13.3厘米
款识：荆溪华凤翔制

此壶瓜棱形，舌口双弯龙流，龙形端把，瓜棱球钮，瓜棱贴花压盖。对称腹贴四兽图。

华凤翔，据《阳羡砂壶图考》载："凤翔，或云康熙间人，善仿古器，制工精雅而不失古朴风味，别臻绝诣。"又称：碧山壶馆藏"汉方壶"一持，掺砂作梨皮色，底有"荆溪华凤翔制"篆文方印，全壶巧而不纤，工而能朴，可称神品。

16 双弦合欢壶

年代：清·康熙

尺寸：宽16.4、高6.3厘米

款识：清德宝玩

此壶扁圆腹装饰双弦线，平口双弯流，端把，弦纹扁圆钮，嵌截盖。

"清德宝玩"款，乃清德堂定制壶。"清德堂"初为清初著名鉴赏家宋荦的堂号。宋荦，康熙年间十大才子之一，与王士祯齐名。官至吏部尚书。精鉴赏，收藏名迹甚富，爱好壶艺。《阳羡砂壶图考》述：砂壶传器，有"清德堂"篆印者，想必为宋荦游宜时所定制。

17　粉彩莲子壶

年代：清·康熙

尺寸：宽13.7、高9.3厘米

款识：清德堂制

此壶莲子形，平口双弯流，端把，圆珠钮，斗笠压盖。腹绘粉彩荷花图，寓意"清廉"。

"清德堂"初为清初著名鉴赏家宋荦的堂号。宋荦，康熙年间十大才子之一，与王士祯齐名。官至吏部尚书，被康熙帝誉为"清廉为天下巡抚第一"。精鉴赏，收藏名迹甚富，爱好壶艺。《阳羡砂壶图考》述：砂壶传器，有"清德堂"篆印者，想必为宋荦游宜时所定制。

18　梅桩笔架

年代：清·康熙

尺寸：宽20.4、高7.0厘米

款识："陈鸣远""陈"

此雕刻件造型古朴，梅桩枯朽逼真，老杆新枝，花蕾绽放。作文房搁笔，既美观又实用。

19 莲子壶

年代：清·雍正

尺寸：宽13.5、高9.5厘米

款识：半入江中半入云 逸公

此壶莲子形，舌口双弯细流，端把，圆珠钮，虚压盖。

惠逸公，清雍正制壶大师。与杨彭年、杨凤年、冯彩霞被誉为清中期四大家。他与惠孟臣被称为"二惠"。惠逸公长于工巧，用泥脱俗，小壶精工，大壶古朴。其书法楷行草俱备，楷书有晋唐人遗意，刻镌或飞舞或沉着。

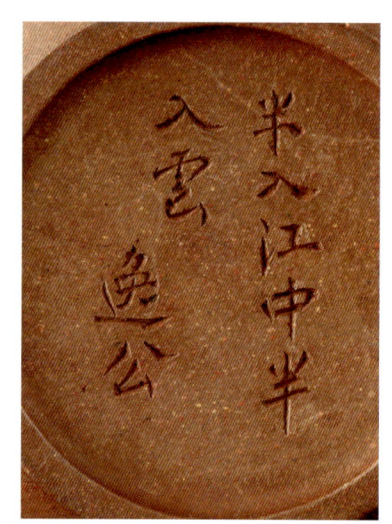

20 水平壶

年代：清·雍正
尺寸：宽12.5、高7.0厘米
款识：山月伴人行 逸公

此壶扁文旦形，舌口双弯流，端把，扁圆钮，嵌截盖。

惠逸公，清雍正制壶大师。与杨彭年、杨凤年、冯彩霞被誉为清中期四大家。他与惠孟臣被称为"二惠"。惠逸公长于工巧，用泥脱俗，小壶精工，大壶古朴。其书法楷行草俱备，楷书有晋唐人遗意，刻镌或飞舞或沉着。

21 秋水壶

年代：清·雍正
尺寸：宽22.5、高15.0厘米
款识：清泉石上流 玉亭

此壶上鼓腹水仙形，平口弯流，端把，圆柱钮，虚压盖。
邵玉亭，清雍正至乾隆年间人。曾制作宫廷紫砂，制作光壶，素静高雅；制作花壶，华丽端庄。

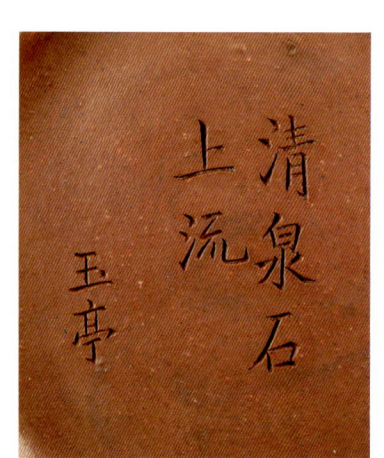

22 莲子壶

年代：清中期

尺寸：宽18.3、高10.7厘米

款识：邵正元制

此壶圆鼓腹莲子形，肩饰一圈回纹，直口沿饰涡旋纹一圈。舌口，三弯流，端把。扁圆钮，扁铃折沿压盖，沿边饰回纹一圈。邵正元，清中期制壶大师。明晚期亦有同姓名制壶师，但此壶乃清代风格，故此壶应是清代邵正元制作。

23　水平壶

年代：清中期

尺寸：宽12.8、高6.8厘米

款识：吴保松印

此壶文旦形，双弯流，舌口，端把，截盖，圆珠钮。

吴保松，清中期制壶家。未见更多史料记载。

24 委角秦权壶

年代:清中期

尺寸:宽15.0、高12.0厘米

款识:邵泰来记

此壶委角秤砣形,六方双弯流,平口,龙形六方端把,委角截盖,桥钮。圈足挖犴门。

邵泰来,清中期紫砂名家。未见更多史料记载。

25　莲子壶

年代：清·乾隆

尺寸：宽13.5、高9.0厘米

款识："乾隆年制""圣和"

此壶圆鼓腹莲子形，平口弯流，端把，圆珠钮，扁铃压盖。邵圣和，清乾隆制壶高手，曾为宫廷制作紫砂器。

26 宜钧洒蓝釉莲子壶

年代：清·乾隆

尺寸：宽15.8、高10.5厘米

款识：乾隆年制

此壶莲子形，舌口，双弯流，端把，圆珠钮，嵌截盖。通体施钧釉(亦称宜钧)，使用吹釉工艺，形成雪花效果。无署名。

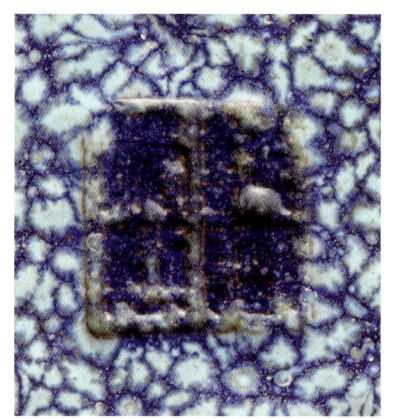

27　泥绘委角如意壶

年代：清·乾隆

尺寸：宽17.2、高8.3厘米

款识：大清乾隆年制

此壶上鼓腹椭圆委角形，平口半圆弯流外接，端把外接。如意桥钮，委角平压盖。无署名，腹部泥绘山水图，盖面泥绘卷草纹。

28　六方龙嘴壶

年代：清·乾隆

尺寸：宽14.5、高10.0厘米

款识：陈文伯

此壶上腹美人肩，下腹六方底，六方高圈足。足墙双钱花卉镂空。平口双弯龙首流，端把，金钱孔，珠钮，回纹压盖。

陈文伯，号寄石山房，宜兴人，清代雍正、乾隆年间著名的制作紫砂名师，生卒年不详。他所制作的紫砂用品，形美质坚，畅销日本，久而不衰。

29　粉彩龙纹折沿洗

年代：清·乾隆
尺寸：直径31.0、高7.9厘米
款识：王南林制

此器圆柱折沿，内外壁满绘青花卷叶纹，内底绘双龙戏珠图。

王南林，清代著名紫砂大师，善制茗壶等砂器。常以青铜器为蓝本，造型刻意仿古。自诩为唐代茶圣陆羽的后裔，《阳羡砂壶图考》述："南林，乾隆时人。所制饶釉宜壶，每绘粉彩花鸟。净身浇釉，宜壶本创于明季，惟粉彩花鸟盛于乾隆期，南林传器有'王南林制'篆书方印。"

30 镂空六方提梁壶

年代：清·乾隆

尺寸：宽17.5、高22.0厘米

款识："朱""洪林""朱洪林制"

此壶六方柱形，壶体双层，外层镂空刻牡丹纹，内胆容器，六方高圈足，足墙镂空刻金钱纹。六方柱钮镂空，平压盖。平口三弯方流，方条方框提梁。

朱洪林，乾隆年间人。不见更多史料记载。

31　莲子壶

年代：清·乾隆

尺寸：宽14.5、高9.0厘米

款识：邵春元制

此壶莲子形，圈足，舌口三弯菱形流，端把，扁圆钮，虚压盖。邵春元，乾隆年间制壶高手。曾为宫廷制壶。

32 粉彩高灯壶

年代：清·乾隆

尺寸：宽21.5、高16.1厘米

款识：邵春元制

此壶灯笼形，平口三弯流，端把，高圆钮，虚压盖。腹部粉彩绘菊花图，流、耳、盖粉彩绘花卉纹。

邵春元，乾隆年间制壶高手。曾为宫廷制壶。

090
091

33 金钟壶

年代:清·乾隆

尺寸:宽13.8、高9.5厘米

款识:陈汉文制

此壶倒钟形,平口三弯流,端把,圆珠钮,铃形压盖。

陈汉文,号笨岩,紫砂名家陈鸣远之弟。为清宫制作紫砂,乾隆时期众多紫砂器出自其手。制艺精湛,素雅与豪华兼备,深得造办处垂爱。

34　泥绘福禄莲子壶

年代：清·乾隆

尺寸：宽12.1、高7.3厘米

款识：陈秉文制

此壶灯笼形，平口三弯流，端把，圆珠钮，斗笠压盖。壶腹彩泥绘福禄寿图。

陈秉文，清乾隆年间人。无更多史料记载。

35 宝灯壶

年代：清·乾隆

尺寸：宽13.5、高9.0厘米

款识：荆溪钱弘文制

此壶灯笼形，直流，平口，端把，盈压盖，圆柱钮，圈足。

36　贴花龙纹壶

年代：清·乾隆
尺寸：宽18.3、高12.3厘米
款识：葛明祥制

此壶仿青铜器形，唇边高圈足。腹部贴塑六瓣龙纹莲瓣。舌口三弯流，端把，扁圆钮，铃形压盖。

葛明祥，清乾隆年间人，著名陶瓷家。不但紫砂制作得好，更是仿钧瓷的高手。他与兄弟葛源祥所烧造的宜钧闻名天下，在日本视为珍品。他烧造的宜钧窑变似鼠毫纹，被日本称为海鼠釉。

37 束带如意壶

年代：清·嘉庆

尺寸：宽18.3、高10.3厘米

款识：荆溪邵正来制

此壶鼓腹形，中系扁束带，肩印一圈如意纹，唇边短颈，唇边圈足。舌口三弯流，端把，扁圆钮，截盖面饰一圈如意纹。

邵正来，清嘉庆年间的制壶名手。未见更多记载。传世之壶皆造型朴拙，做工精良。

38　平盖合欢壶

年代：清·嘉庆
尺寸：宽17.5、高7.5厘米
款识："杨彭年造""彭年"

此壶扁腹合欢形，平口弯流，端把，合欢钮，平压盖。

杨彭年，字二泉，号大鹏，浙江桐乡人，清嘉庆、道光年间紫砂大家。善制各式茗壶，或浑朴雅致，或精巧玲珑。首创捏嘴不用模子和掇暗嘴之工艺，世称"彭年壶"。且与曼生等一大批文人合作，制作了一批造型新颖、题刻壶铭的文人壶，而他又能书善刻，多才多艺，和陈曼生等文人一起对紫砂的中兴、发展做出了一定的贡献。

39 井栏壶

年代：清·嘉庆
尺寸：宽16.6、高8.2厘米
款识："阿曼陀室""彭年"

此壶仿井栏形，平口弯流，端把，桥钮，平嵌盖。壶面刻零陵寺古井碑文。

杨彭年，字二泉，号大鹏，浙江桐乡人，清嘉庆、道光年间紫砂大家。善制各式茗壶，或浑朴雅致，或精巧玲珑。首创捏嘴不用模子和掇暗嘴之工艺，世称"彭年壶"。且与曼生等一大批文人合作，制作了一批造型新颖、题刻壶铭的文人壶，而他又能书善刻，多才多艺，和陈曼生等文人一起对紫砂的中兴、发展做出了一定的贡献。

40　飞鸿延年壶

年代：清·嘉庆

尺寸：宽17.0、高8.3厘米

款识："延年""彭年"

此壶仿井栏形，平口直流，端把，圆柱钮，平嵌盖。壶面刻诗文。杨彭年，字二泉，号大鹏，浙江桐乡人，清嘉庆、道光年间紫砂大家。善制各式茗壶，或浑朴雅致，或精巧玲珑。首创捏嘴不用模子和掇暗嘴之工艺，世称"彭年壶"。且与曼生等一大批文人合作，制作了一批造型新颖、题刻壶铭的文人壶，而他又能书善刻，多才多艺，和陈曼生等文人一起对紫砂的中兴、发展做出了一定的贡献。

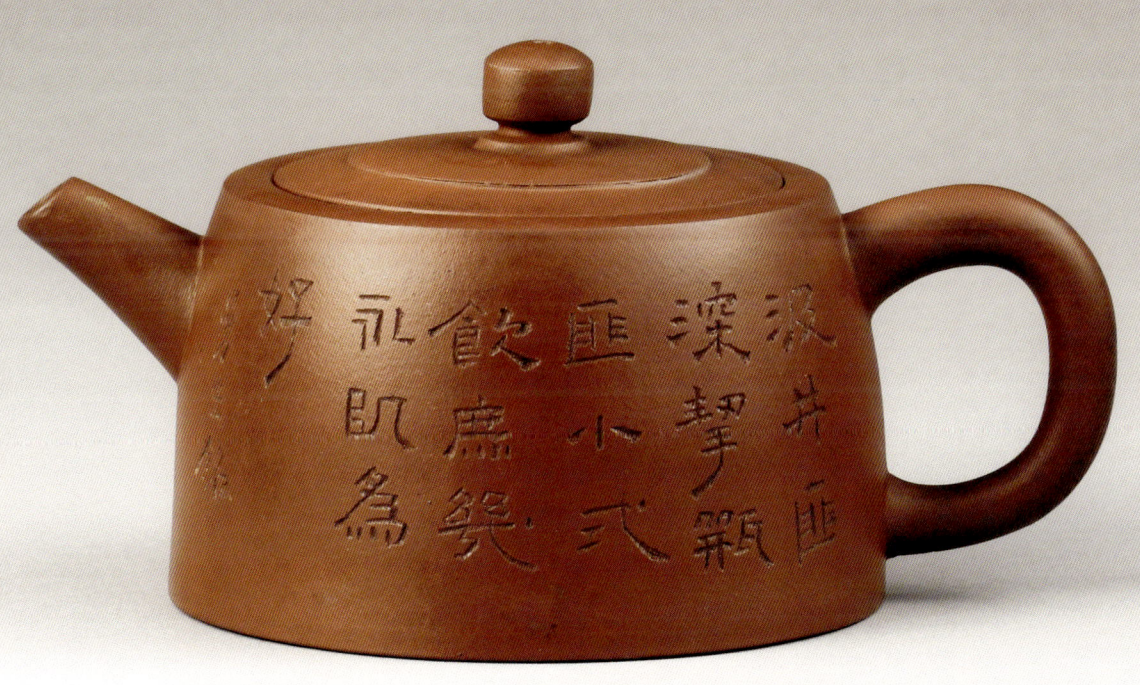

41 合欢壶

年代：清·嘉庆
尺寸：宽17.5、高7.0厘米
款识：二泉

此壶扁腹合欢形，包口，弯流，端把，桥钮，平压盖。

杨彭年，字二泉，号大鹏，浙江桐乡人，清嘉庆、道光年间紫砂大家。善制各式茗壶，或浑朴雅致，或精巧玲珑。首创捏嘴不用模子和掇暗嘴之工艺，世称"彭年壶"。且与曼生等一大批文人合作，制作了一批造型新颖、题刻壶铭的文人壶，而他又能书善刻，多才多艺，和陈曼生等文人一起对紫砂的中兴、发展做出了一定的贡献。

茶乳試火爐裡功

42　仿古回纹壶

年代：清·嘉庆

尺寸：宽14.2、高9.0厘米

款识：杨彭年造

此壶圆柱形，三弯流，端把，圆珠钮，平压盖。通体纹饰仿青铜器。

杨彭年，字二泉，号大鹏，浙江桐乡人，清嘉庆、道光年间紫砂大家。善制各式茗壶，或浑朴雅致，或精巧玲珑。首创捏嘴不用模子和掇暗嘴之工艺，世称"彭年壶"。

43 四方捆竹壶

年代：清·嘉庆

尺寸：宽17.1、高9.9厘米

款识：杨彭年造

此壶四方柱形，三弯竹节流，平口，竹节端把，平嵌盖，竹节钮。壶身塑捆竹一圈。

杨彭年，字二泉，号大鹏，浙江桐乡人，清嘉庆、道光年间紫砂大家。善制各式茗壶，或浑朴雅致，或精巧玲珑。首创捏嘴不用模子和拨暗嘴之工艺，世称"彭年壶"。

44　井栏壶

年代：清·嘉庆

尺寸：宽17.0、高8.3厘米

此壶仿井栏形，平口直流，端把，圆柱钮，虚压盖。壶面刻山川景色、诗文。

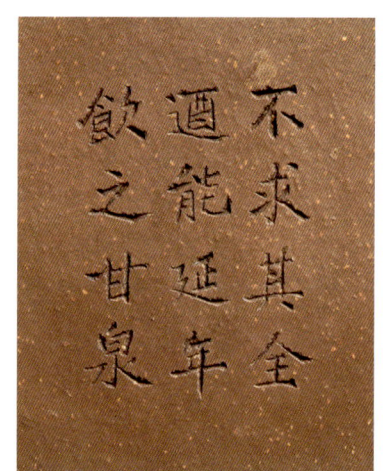

井养不窮 是以知汲古之功

石生

45　周盘壶

年代：清·嘉庆丙子年

尺寸：宽17.0、高5.5厘米

此壶扁圆柱形，弯流，舌口，端把，平压盖，桥钮。壶工精致，底、面及腹刻诗文极其工整优美，虽无款识，但纪年清楚，乃大家之作。疑是杨彭年制壶。

46　石瓢壶

年代：清·道光

尺寸：宽14.5、高7.0厘米

款识：荆溪美中

此壶石瓢形，直流，平口，端把，平压盖，桥钮，三钉足。瞿子冶，名应绍，初号月壶，后改瞿甫，字子冶，又号老冶、陛春，清嘉庆至道光年间上海人。善鉴别金石文字、收藏古器物，工诗词、尺牍、书画、篆刻、鉴古，善兰竹，有"诗书画三绝"之称。最善画竹。"子冶石瓢"是他的代表作，为曼生之后文人壶代表。

47　水平壶

年代：清·道光

尺寸：宽14.0、高8.5厘米

款识：姑苏冯彩霞制

此壶扁灯形，上下唇边。舌口，直流，端把，圆珠钮，扁铃唇边压盖。

冯彩霞，清代道光制壶高手。她与惠逸公、杨彭年、杨凤年被誉为清中期四大家。《阳羡砂壶图考》述："彩霞，道光时人，或云姓冯，宜兴名匠。南海（今广州）伍氏，制万松园壶，延之至粤。"

48 掇只壶

年代：清·道光

尺寸：宽16.5、高10.5厘米

款识：邵景南印

此壶丰肩上鼓腹莲子形，平口弯流，高端把，扁圆钮，扁铃压盖。腹部行书刻二行诗句。

邵景南，号留佩主人。清道光年间制陶名家，善仿明代名壶，与邵大亨、邵赦大、邵友廷、申锡、黄玉麟、何心舟、俞国良被誉为"晚清紫砂八大家"。

49　山水西施壶

年代：清·道光

尺寸：宽16.0、高9.0厘米

款识：友兰秘制

此壶丰乳形，三弯龙首流，舌口，龙尾端把，截盖，扁圆钮。邵友兰，清道光年间制壶名家之一，为朝廷制作贡品。也是紫砂大师顾景舟先生祖母的前辈人。邵友兰善做仿古器型，尤以"配泥精致，质坚如玉为一绝"。艺术风格俊雅精美，式度严谨。传器以光素器为主。

50 井栏壶

年代：清·道光

尺寸：宽15.3、高7.3厘米

款识："裕亭""邵裕亭造"

此壶圆井栏形，双弯流，舌口，端把，平压盖，扁圆钮。

邵裕亭，清道光年间知名紫砂大师。

51　乳鼎壶

年代：清·道光

尺寸：宽18.0、高10.5厘米

款识：石某摩古

此壶扁灯笼形，弯流，平口，端把，丰乳形，截盖，荸荠钮。朱石楳，字石梅，一作石楳，又作石眉、石某。嘉庆、道光年间书画家，紫砂器、锡器制作大师，紫砂胎锡包壶由其创制，在紫砂器发展史上有很高的历史地位。

52　西施壶

年代：清·道光

尺寸：宽12.5、高8.0厘米

款识：石某摩古

此壶丰乳形，暗接直流，平口，倒装端把，截盖，圆珠钮。

朱石楳，字石梅，一作石楳，又作石眉、石某。嘉庆、道光年间书画家，紫砂器、锡器制作大师，紫砂胎锡包壶由其创制，在紫砂器发展史上有很高的历史地位。

53 八卦捆竹壶

年代：清·道光
尺寸：宽21.5、高9.8厘米
款识：大亨

此壶八角捆竹束腰型，龙首双弯流，龙形端把，柱钮，嵌盖饰八卦图。

邵大亨，清嘉庆至道光年间人。与邵景南、邵赦大、邵友廷、申锡、黄玉麟、何心舟、俞国良被誉为晚清制壶八大家。是继陈鸣远以后的一代宗匠。他的制壶以浑朴见长，尤其在制简练形体如掇球、仿古等壶，朴实庄重，气势不凡，更突出紫砂艺术质朴典雅的大度气息，他的壶"力追古人，有过之无不及也"。其鱼化龙壶，伸缩吐注，灵妙天然。南京博物院收藏同款型壶。

54　莲子壶

年代：清中晚期

尺寸：宽10.2、高7.4厘米

款识："天上秋期近 孟臣""炳记"

此壶下鼓腹莲子形，平口直流，端把，圆珠钮，虚压盖。"水平壶"是泡功夫茶的小壶统称。福建人喝功夫茶时，壶小放茶叶多，茶汁溶出不顺畅，便将茶壶放在容器内，用沸水淋浇壶身，增加茶壶温度，以利茶汁顺利溶出。壶浸在水中时能保持水平状，故叫"水平壶"。

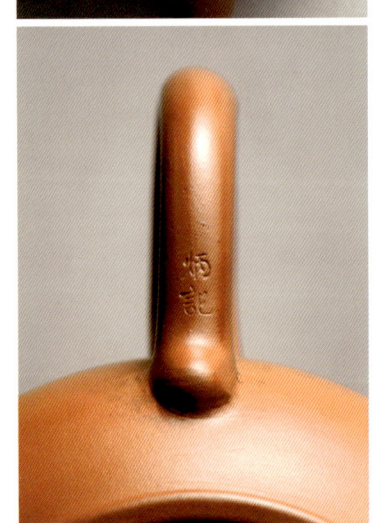

55　山水纹提梁壶

年代：清·道光 — 光绪

尺寸：宽14.5、高17.4厘米

款识：刻薄成家 岂能久享

此壶身文旦形，弯流，分叉提梁把，截盖，柱钮。款识出之朱子家训："刻薄成家理无久享"。梅调鼎，字友竹，字赧翁。清代道光、咸丰年间人。清代书法大家。酷爱紫砂艺术，自创玉成窑。聘请紫砂名匠何心舟、王东石制壶，邀著名书画家在壶上刻书画，自成一派，独领风骚。

56 文旦壶

年代：清·道光 — 光绪

尺寸：宽11.8、高7.8厘米

款识：林园

此壶文旦形，弯流，包口，端把，截盖，珠钮。

梅调鼎，字友竹，字赧翁。清代道光、咸丰年间人。清代书法大家。酷爱紫砂艺术，自创玉成窑。聘请紫砂名匠何心舟、王东石制壶，邀著名书画家在壶上刻书画，自成一派，独领风骚。

57 诗文莲子壶

年代：清·咸丰

尺寸：宽14.5、高10.0厘米

款识："陈""光明"

此壶莲子形，直流，舌口，倒装端把，扁圆钮，平截盖。

陈光明，字润贤，号匡庐，小名润宝。清代陶瓷艺人，清咸丰至民国初年间人，擅长制作紫砂玩器。仿制古陶，工艺精细，朴雅浑厚。

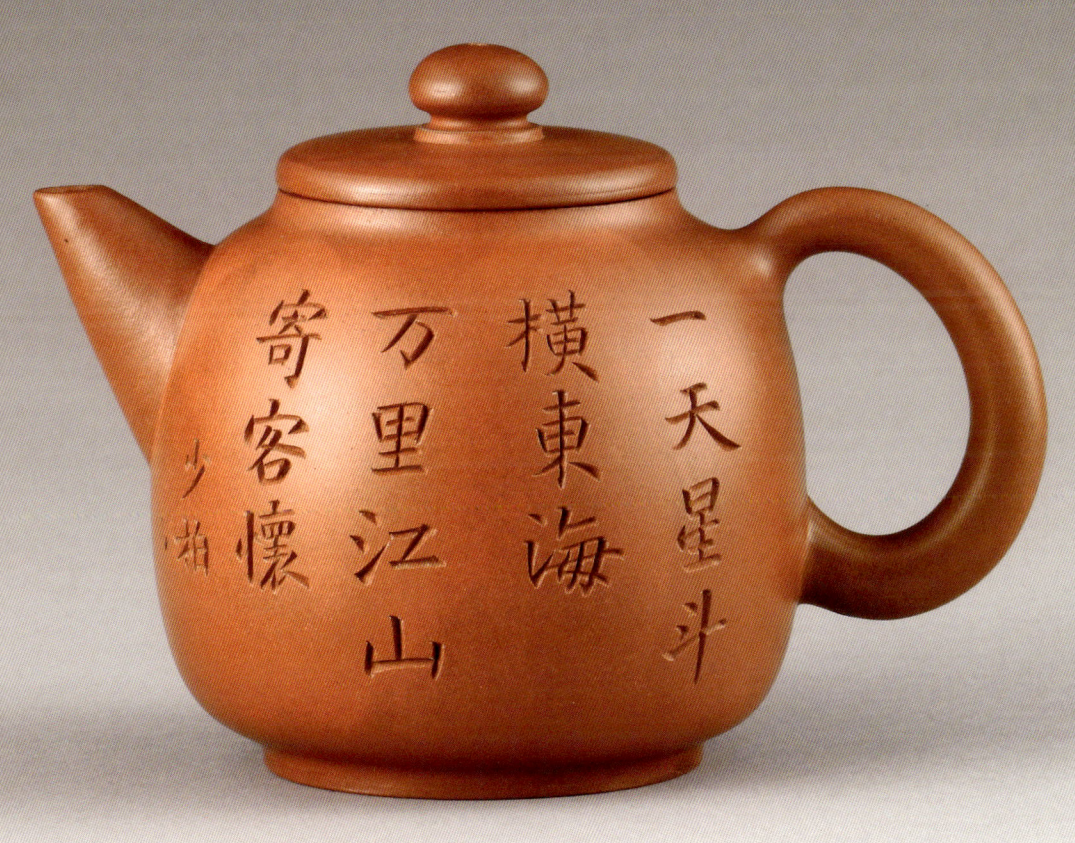

58　提梁壶

年代：清·咸丰

尺寸：宽11.8、高11.0厘米

款识："陈""光明"

此壶身井栏形，直流，平口，平嵌盖，桥钮，三角提梁把。

陈光明，字润贤，号匡庐，小名润宝。清代陶瓷艺人，清咸丰至民国初年间人，擅长制作紫砂玩器。仿制古陶，工艺精细，朴雅浑厚。

59　掇只壶

年代：清·同治

尺寸：宽16.7、高8.5厘米

款识："黄玉麟作""玉麟"

此壶扁鼓腹形，直颈，唇边。弯流，平口，端把，扁圆钮，唇边压盖。

黄玉麟，清晚期著名紫砂大师。制壶选泥讲究，作品莹洁圆润，精巧而不失古意，灵妙天然。有说其"每制一壶，必精心构选，积日月而成，非其重价弗予，虽屡空而不改其度"。

60　六方捆竹壶

年代：清·同治

尺寸：宽16.2、高12.0厘米

款识：黄玉麟作

此壶六方柱形，周塑捆竹，高圈足。三弯竹节流，竹节端把，螭虎钮，平嵌盖。

黄玉麟，清晚期著名紫砂大师。制壶选泥讲究，作品莹洁圆润，精巧而不失古意，灵妙天然。有说其"每制一壶，必精心构选，积日月而成，非其重价弗予，虽屡空而不改其度"。

61 仿供春树瘿壶

年代：清·同治

尺寸：宽10.5、高6.5厘米

款识：黄玉麟作

此壶仿供春树瘿型，弯流，平口，倒装分叉端把，瓜蒂钮盖。黄玉麟，清晚期著名紫砂大师。制壶选泥讲究，作品莹洁圆润，精巧而不失古意，灵妙天然。有说其"每制一壶，必精心构选，积日月而成，非其重价弗予，虽屡空而不改其度"。

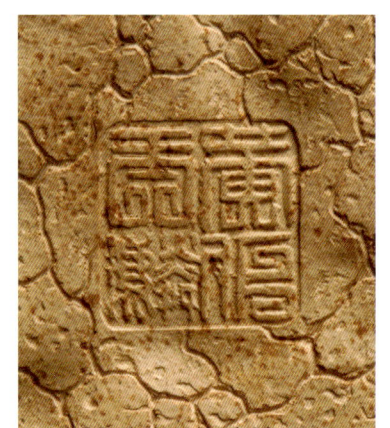

62　传炉壶

年代：光绪

尺寸：宽14.0、高9.5厘米

款识：心舟

此壶四楞鼓腹传炉形，变形弯流，平口，端把，四楞方压盖，四楞馒头钮，兽形四钉足。

何心舟，号曼陀华馆，清道光至光绪年间制壶名手。受著名书法家和紫砂制壶家梅调鼎邀请，与陶友王东石于浙江宁波建玉成窑造紫砂壶。据记载及传世品所见，凡浙宁玉成窑出品每见奇品，极具文人意味。

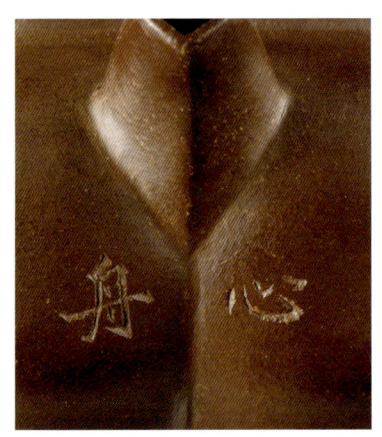

63　石匏壶

年代：清·光绪

尺寸：宽16.0、高10.0厘米

款识：心舟

此壶匏瓜形，弯流，舌口，端把，截盖，瓜藤钮。光绪五年制。

何心舟，号曼陀华馆，清道光至光绪年间制壶名手。受著名书法家和紫砂制壶家梅调鼎邀请，与陶友王东石于浙江宁波建玉成窑造紫砂壶。据记载及传世品所见，凡浙宁玉成窑出品每见奇品，极具文人意味。

64 掇球壶

年代：晚清

尺寸：宽17.2、高13.0厘米

款识：寿珍

此壶莲子形，弯流，平口，端把，铃压盖，圆珠钮。底款："八十二老人作此茗壶巴拿马和国货物品展览会曾得优奖。"程寿珍，又名陈寿珍，号冰心道人，清咸丰至民国初期的紫砂壶名家。师承其养父邵友庭，擅长制形体简练的壶式。作品粗犷中有韵味，技艺纯熟。所制掇球壶于1915年在巴拿马国际赛会和芝加哥博览会获得金奖，曾名噪一时。

65　扁腹壶

年代：晚清

尺寸：宽12.8、高6.1厘米

款识："金寿""荆溪"

此壶扁鼓形，直流，平口，端把，平压盖，馒头钮。

束金寿，宜兴蜀山人。制壶名家，师从程寿珍、范大生等名师。

66 六方诗文壶

年代：晚清

尺寸：宽19.0、高9.5厘米

款识："锡山俞制""国良"

此壶六方柱形，六方长直流，舌口，六方端把，六方柱钮，平嵌盖。

俞国良是近代紫砂制壶名家，壶艺高超。曾被苏州金石家、书法家吴大澄聘请制壶，用款"愙斋"。清末还为两广总督端方制壶，用款"陶斋""宝华庵"。

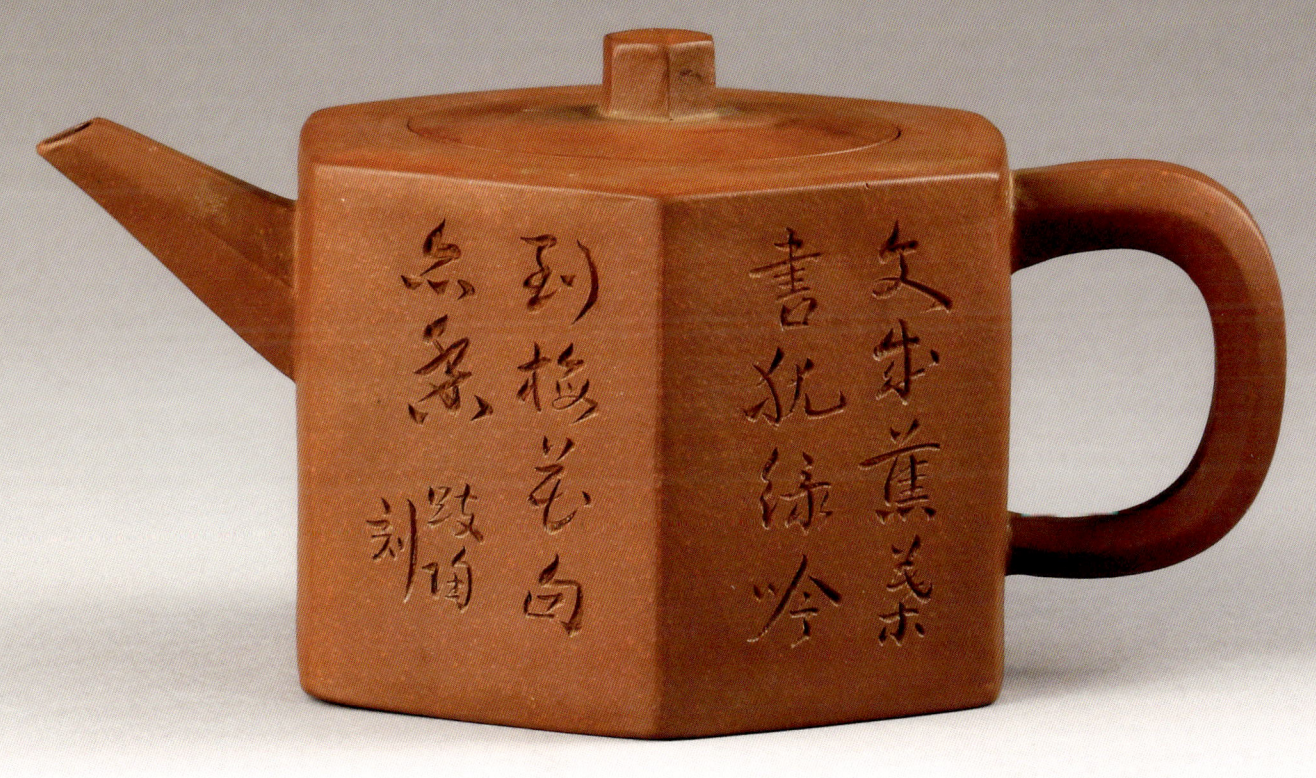

67 掇球壶

年代：晚清

尺寸：宽15.1、高8.3厘米

款识：贡局

此壶扁圆腹形，三弯流，舌口，端把，圆珠钮，压盖。

"贡局"是晚清外销泰国的款式，基本为光素简洁造型，然而做工精巧，比例得当，大多数出自当时优秀的紫砂艺人之手，在南洋新、马、泰盛行。史载，光绪年间，泰国国王拉玛五世在宜兴定制了一批紫砂壶，壶底印有泰文"拉玛五世"或楷书"贡局"的字款，壶表面或磨砂抛光，或不作处理，或用包金片包口沿、盖沿、壶脚等处。

68　犬钮弦纹壶

年代：晚清

尺寸：宽12.2、高9.0厘米

款识：贡局

此壶圆柱形，双弯流，平口，端把，犬钮，平压盖。

"贡局"是晚清外销泰国的款式，基本为光素简洁造型，然而做工精巧，比例得当，大多数出自当时优秀的紫砂艺人之手，在南洋新、马、泰盛行。史载，光绪年间，泰国国王拉玛五世在宜兴定制了一批紫砂壶，壶底印有泰文"拉玛五世"或楷书"贡局"的字款，壶表面或磨砂抛光，或不作处理，或用包金片包口沿、盖沿、壶脚等处。

69　龙纹锦鸡壶

年代：晚清

尺寸：15.8、高11.0厘米

款识：龙纹

此壶灯笼形，高颈，三弯流，端把，截盖，扁圆钮。壶身贴塑竹石锦鸡图。

70 掇只壶

年代：晚清

尺寸：宽19.0、高9.5厘米

款识："万丰顺记""支泉"

此壶扁圆腹，短颈，唇边，端把，扁圆钮，盈压盖。

赵松亭，曾用名支泉，艺名东溪。清末民初著名紫砂艺人，实业家。擅长仿古类作品，端庄圆润，浑厚古朴，圆中带韵，韵中带秀。曾受聘于苏州大收藏家吴大澄处，所制"书画仿鼓""平盖扁鼓""折身圆壶""紫砂瓦形枕"等细腻简练，舒展大方，自制、自画、自镌、自刻，自成一格。清末至民国初年开始参与经营，制作贡局壶以出口外销。

71 竹节壶

年代：晚清—民国

尺寸：宽19.0、高9.5厘米

款识："大生""金鼎商标"

此壶竹节桶形，竹节三弯流，竹节端把，竹节钮，平嵌盖。

范大生，字绳武，号承甫，近代知名制壶大师。曾受聘于宜兴利永陶业公司、吴德盛陶号、上海铁画轩等陶器公司制壶。他创作的大型陶塑"雄鹰"曾在1935年英国伦敦艺术博览会上获得金奖。

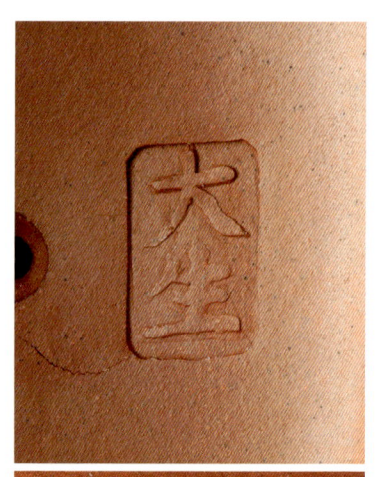

72 龙款掇球壶

年代：晚清—民国

尺寸：款9.3、高6.0厘米

款识："范""大生"龙纹

此壶莲子形，弯流，包口，端把，圆珠钮，铃形压盖。

范大生，字绳武，号承甫，近代知名制壶大师。曾受聘于宜兴利永陶业公司、吴德盛陶号、上海铁画轩等陶器公司制壶。他创作的大型陶塑"雄鹰"曾在1935年英国伦敦艺术博览会上获得金奖。

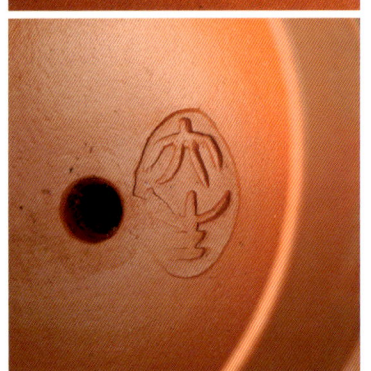

73 潘壶

年代：清

尺寸：宽12.5、高6.2厘米

款识：潘

此壶扁圆腹，弯流，平口，端把，扁圆钮，压盖。

《阳羡砂壶图考》述，潘仕成，字德畲，为清道光广东番禺人。潘氏家传嗜饮茶，便在宜兴订制专属砂壶，一则自用，一则往还馈赠。潘氏订制的砂壶形制固定，且惯于将印款落于盖沿之上，壶底及他处反而不落款，所用印款均为阳文篆字"潘"印。由于潘氏声名远播，世人乃将此一形制称为"潘壶"。

74 如意钮束带壶

年代：清

尺寸：宽17.5、高10.0厘米

款识：秋水共长天一色

　　　陈惟佳制

此壶扁圆腹灯笼形，腹中系扁束带。舌口，双弯流，端把，如意桥钮，扁铃状压盖。

陈惟佳，清代制壶家。传世作品极少，《宜兴古陶器鉴赏》著录有陈惟佳款紫泥如意钮束带刻绘茶壶，与本壶相似。

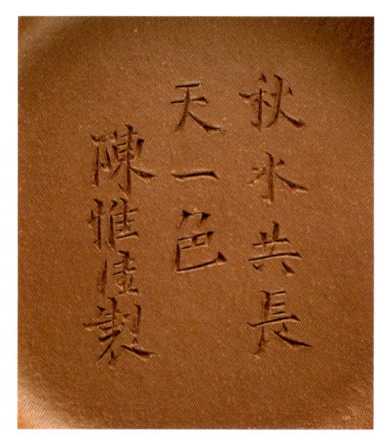

75　水平壶

年代：清

尺寸：宽9.0、高6.1厘米

款识：荆溪陈制

此壶梨形，双弯流，舌口，端把，圆珠钮，截盖。

76 矮筒壶

年代：民国

尺寸：宽11.1、高5.6厘米

款识：耀庭

此壶圆桶形，弯流，舌口，端把，碗钮，平压盖。

胡耀庭，晚清至民国制壶家。他长期受雇于吴德盛公司和铁画轩公司，以善制方器著称。胡耀庭制作的"砖方壶"被南京博物院收藏。

77 梨形四方壶

年代：民国

尺寸：宽12.9、高10.8厘米

款识："张鸿坤制""嘉源"

此壶梨形四方形，方圈足，三弯四方流，四方端把，四方柱钮，四方截盖。

张鸿坤，原名张洪大，曾为"得用公司""利永公司""立信陶器行"等制壶，尤擅制方器，刚柔并济、端庄古朴。

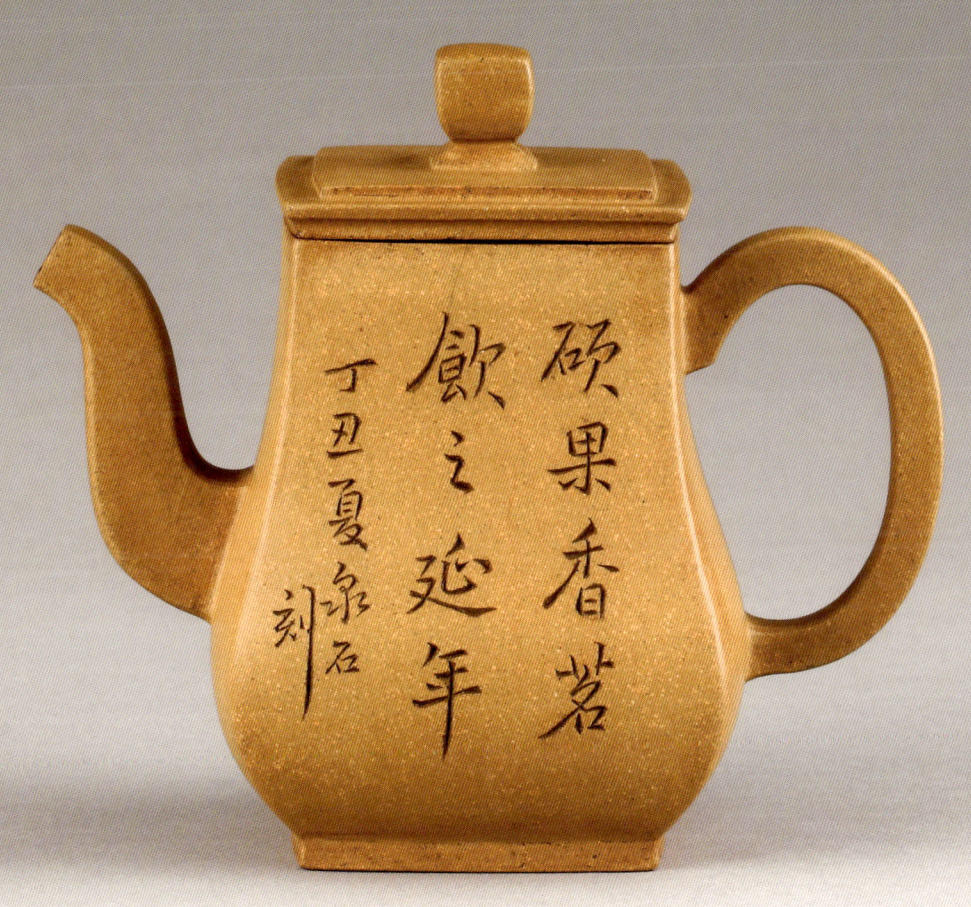

78 牛眼合欢壶

年代：民国

尺寸：宽18.5、高5.0厘米

款识："汪""宝根""旭斋"

此壶扁圆腹形，似两圆器相拼，称合欢。弯流、包口、端把，牛鼻钮、截盖。

汪宝根，号旭斋，为民国时期紫砂高手三宝之一（三宝：李宝珍、汪宝根、陈宝生）。汪宝根早年随伯父、清末名家汪春荣（生义）学艺，与壶艺大师吴云根、朱可心为同门师兄弟。出师后曾在宜兴吴德盛公司、上海铁画轩公司任技师。1935年，他制作东坡壶与三友瓶，参加美国芝加哥博览会并获优等奖。

79 砖方壶

年代：民国

尺寸：宽15.1、高13.1厘米

款识：吴德盛制

此壶方砖形，直方流，舌口，方端把，方桥钮，平嵌盖。

吴德盛，是民国时期的紫砂陶器行。为宜兴人吴汉文创建，是当时专营紫砂的唯一商号。民国十四年在上海开设"吴德盛"分号，主要销售紫砂制品。店主吴汉文号"歧陶"，擅长雕刻，许多作品都署名"歧陶""企陶""潜陶""松鹤轩"等。

80 鱼化龙壶

年代：现当代

尺寸：宽18.8、高10.0厘米

款识：可心

此壶圆鼓形，雕塑鱼化龙图。弯流，平口，龙尾端把，云纹钮，嵌盖面伸出龙头。

朱可心，原名开张，学名凯长，后改名可心。宜兴紫砂名艺人，花货巨匠，一代宗师，紫砂壶制作大师，著名陶瓷艺人，毕业于中央美术学院。与吴云根、裴石民、任淦庭、王寅春、顾景洲、蒋蓉等，被业界誉为"紫砂七老"。

81　束带合欢壶

年代：现当代

尺寸：宽18.0、高7.0厘米

款识：可心

此壶扁圆腹形，似两圆器相拼，称合欢。弯流，包口，端把，宽桥钮，截盖。

朱可心，原名开张，学名凯长，后改名可心。宜兴紫砂名艺人，花货巨匠，一代宗师，紫砂壶制作大师，著名陶瓷艺人，毕业于中央美术学院。与吴云根、裴石民、任淦庭、王寅春、顾景洲、蒋蓉等，被业界誉为"紫砂七老"。

82　诗文提梁壶

年代：现当代

尺寸：宽17.0、高17.9厘米

款识："足无所好玩尔老焉"
　　　"顾景洲""景记"

此壶扁鼓形，双弯流，扁条提梁把，扁圆钮，平嵌盖。

顾景舟，原名景洲。别称曼希、瘦萍、武陵逸人、荆南山樵。宜兴紫砂名艺人，光素器巨匠，一代宗师，被海内外誉为"壶艺泰斗"，作品为海内外各大博物馆、文物馆收藏。

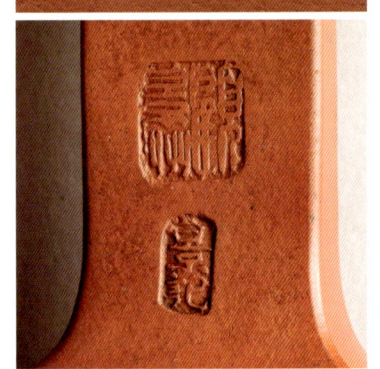

216
217

83 线圆水平壶

年代：现当代

尺寸：宽14.8、高8.5厘米

款识："墨缘斋景堂制""景记"

此壶扁莲子形，直流，舌口，端把，扁圆钮，铃形压盖。"墨缘斋景堂制"是顾景舟早年用的款识。

顾景舟，原名景洲，别称曼希、瘦萍、武陵逸人、荆南山樵。宜兴紫砂名艺人，光素器巨匠，一代宗师，被海内外誉为"壶艺泰斗"，作品为海内外各大博物馆、文物馆收藏。

84　六瓣瓜楞壶

年代：现当代

尺寸：宽16.5、高10.7厘米

款识："荆南山樵""顾景洲"

此壶六瓣瓜楞形，三弯六方流，六方端把，六瓣花蕾钮，六菱花压盖。

顾景舟，原名景洲，别称曼希、瘦萍、武陵逸人、荆南山樵。宜兴紫砂名艺人，光素器巨匠，一代宗师，被海内外誉为"壶艺泰斗"，作品为海内外各大博物馆、文物馆收藏。

85 六方宫灯壶

年代：现当代

尺寸：宽18.2、高8.8厘米

款识："武陵逸人""景洲"

此壶六方扁灯笼形，六方圈足，六方弯流，六方端把，六方扁钮，六方盈压盖。

顾景舟，原名景洲，别称曼希、瘦萍、武陵逸人、荆南山樵。宜兴紫砂名艺人，光素器巨匠，一代宗师，被海内外誉为"壶艺泰斗"，作品为海内外各大博物馆、文物馆收藏。

224
225

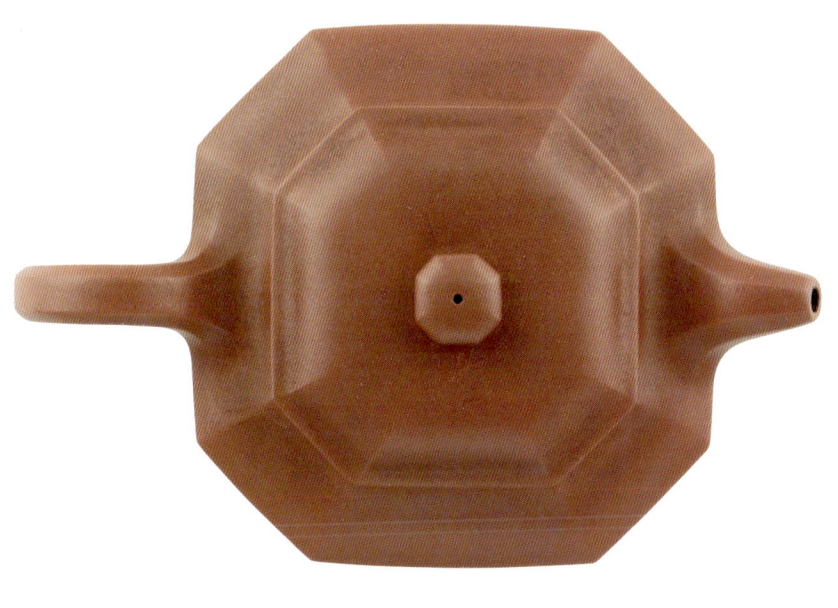

86 掇只壶

年代：现当代

尺寸：宽17.6、高8.5厘米

款识："景舟手制""顾景洲"

此壶扁圆腹形，弯流，包口，端把，扁圆钮，盈压盖。

顾景舟，原名景洲，别称曼希、瘦萍、武陵逸人、荆南山樵。宜兴紫砂名艺人，光素器巨匠，一代宗师，被海内外誉为"壶艺泰斗"，作品为海内外各大博物馆、文物馆收藏。

87　一粒珠壶

年代：现当代

尺寸：宽13.6、高8.6厘米

款识："裴石民""石民"

此壶圆珠形，弯流，包口，端把，圆珠钮，平嵌盖。

裴石民，原名裴云庆，又名裴德铭，著名紫砂艺人。擅制仿古紫砂器，有"陈鸣远第二"之美誉。他的作品风格清秀不俗，技艺精湛严谨，在紫砂业界中独树一帜。与吴云根、任淦庭、王寅春、朱可心、顾景洲、蒋蓉七人被誉为近代"紫砂七老"。

88　鼓腹四方壶

年代：现当代

尺寸：宽15.8、高9.0厘米

款识："王寅春""寅春"

此壶四方鼓腹形，四方弯流，四方龙形端把，四方圆钮，四方盈压盖。

王寅春，江苏镇江人，13岁拜师学艺，20岁时手艺已如火纯青，上海客户向其长期定制各式水平壶，从而名扬上海。所制茶壶造型雍容大方，规矩挺括，光润和洽，口盖准缝严密，令人赞叹不已。他与吴云根、任淦庭、裴石民、朱可心、顾景洲、蒋蓉七人被誉为近代"紫砂七老"。

后记一

　　我是洪敏昌先生的长子,我很荣幸在这里借这本图册与你们一起来认识我的父亲——我心目中最好,最伟大的人,及了解他长期收藏紫砂茶壶的热诚及对中国古物的研究。

　　我对这些壶有一份特殊的情感,在我成长的过程中,我见证父亲是那么认真执着地研究历史文物和他在紫砂壶上的丰富知识。他空余经常在饭桌的同一个位置上泡茶,并摊开许多书去研究比对他收藏的壶,随着我年龄的增长,他的收藏也更加丰富。常常我在玩的时候,他会把我叫到他身边,告诉我一些他读到有趣的故事,或某个茶壶的来历,或教我如何欣赏茶壶。每当他得到一个新的藏品,他会很细心的检验,小心的清洗,再耐心的开始养壶。他喜欢喝茶,更享受泡茶的细节和过程,他经常泡茶给我和家人喝,偶尔也会用名壶泡茶给我们喝。虽然我小时候并不特别喜欢喝茶,可是他仍然持续地泡茶给我喝,直到我年纪渐长,慢慢开始欣赏茶及享受他与我分享的乐趣。和父亲一起喝他亲手泡的茶常常是我们深谈交流欢笑的一个场景。

　　我个人也喜欢研读历史,我常想这些创作古壶的名家,他们当年可曾想过他们的壶会在多年后成为我与父亲交流的一个桥梁。父亲曾经常与我分享他对这些紫砂壶的知识和心得,我现在很骄傲的藉这本书与你们一起欣赏这些我父亲珍爱并经专家认证的收藏。因他生前的愿望之一就是希望能与大家共同欣赏这些美丽的茶壶,这些茶壶曾经带给他许多的乐趣,我希望这本书也带给你们同样的乐趣。

洪立恺

2021 年于美国洛杉矶

As Hong Min-Chang's eldest son, I invite you to share and enjoy in his long-time curiosity of the ancient Chinese world through his passion for antique teapots. It is a great honor for me to have a part in bringing you this book, which is a small window into the life of my hero and the greatest man I have ever known.

I have a special connection with this book because growing up, I have witnessed firsthand his growth in the knowledge of ancient history through the expression of historical art and artifacts. As a young boy I would play with my toys, and off in the corner of my eyes and mind I could see my father reading historical books also examining ancient artifacts. He always sat in the same chair in the dining room where he would be studying and reading. I would pass or run by, and he would sometimes share interesting facts about a particular piece or an exciting tale from history. I can recall the first few pieces he acquired, and as I grew, so did his collection and expertise. He also had a love for tea, its ancient traditions and origins as well as brewing and drinking tea. Often when he acquired a new piece, he would be at his usual seat examining it with a magnifying glass or bathing and cleaning the piece. Occasionally he would brew a pot of tea with an ancient teapot and share a drink with myself and the rest of my family. I'll admit I didn't like tea as a young boy, but as I grew up throughout the years he would still pour cups of tea that he brewed for me, and I grew to appreciate the tea itself and my father's gesture of always sharing with me. It was an activity that was often the backdrop of some of the deepest and fun conversations I would have with him.

As a history enthusiast myself, I sometimes wonder if the original artists of these teapots would foresee that their creation would help forge a bond between father and son hundreds of years after their creation just as my father shared a part of him to me through his knowledge of history, and antique teapots. I am proud to be a part in sharing with you this catalogue of some of his most prized pieces. One of his dreams was to also share his collection with the world, and as it brought him so much joy. I hope some of that joy can be imparted on you as well. Thank you.

Jonathan Lee Hong

后记二

  我生命中最悲痛的事就是在2018年失去我最亲爱的父亲，我们家庭最大的支柱。那年也是非常艰难的一年，现在回想起来，那时我能在父亲生命最后的几个月里陪伴在他身边，帮忙照顾服侍他，多给他一些精神上的安慰和支持，希望可以减轻他身体上的痛苦，是我稍微感到安慰的，但这些都不足以报答他对我的养育之恩于万一。

  我的父亲醉心于紫砂茶壶的收藏，他也喜欢喝茶，他在厨房泡茶，不时把热水淋在茶壶上的身影是我童年许多美好记忆的一部分。他是那么专注和执着于泡茶的细节和过程，我更有许多他泡茶给我喝的甜蜜回忆，那小小一杯茶是世界上最好喝的茶，满满是他对我的爱。

  我父亲是个沉默寡言的人，但我了解他对紫砂茶壶收藏的兴趣和执着，还有他对每一件茶壶造型、工艺的欣赏和研究是那么地用心。他对他的收藏感到非常的骄傲，每一件收藏品他都能娓娓道出它的作者、由来和典故。他更喜欢把收藏的茶壶轮流摆放在家里和办公室，与家人朋友共同欣赏把玩。

  我父亲是个最好的人，更是世界上最好的父亲。我每天都思念我的父亲，希望他能以我为傲。每次看到他遗留下他珍爱把玩过的茶壶，就温暖我的心，并伴随着我对他的爱和怀念。

洪立欣

2021年于美国洛杉矶

One of the hardest times in my life was the experiencing the loss of my father in 2018. It was an arduous year, but after some time to reflect, I feel grateful that I was able to spend the last few months of his life caring for him and being by his side. He was an amazing provider for his family and I'm humbled that I was able to repay a small fraction of his generosity by helping to ease his suffering and offer him emotional support in his time of greatest need.

    My dad has always had a huge passion for teapots—I have a lot of childhood memories of him standing at the kitchen counter slowly pouring hot water over his tea pots as part of his ritual of preparing tea. I fondly remember my dad making tea for me—a very methodical and precise process—and the tea was always the best.

    My dad was a man of few words, but I know how much he truly appreciated the craftsmanship of each individual piece in his collection. He proudly displayed his favorite pieces everywhere—whether at home or in his office, I knew he was very proud of his collection and wanted to share that with others.

    My dad was a great man, and especially a great father and I hope he is proud of the person I have become. I miss my dad everyday, but it warms my heart to know that part of his legacy can live on in this beloved collection of teapots that he left behind and so dearly treasured.

Jeffrey Lee Hong

编委会人员合影：左起陈秀君、马旭、伍安宁、张浦生、洪敏昌、袁翔飞

张浦生先生向藏家洪敏昌签名赠书

学习与交流

鉴赏与鉴定

茶香紫雅

帝 后 轩 藏 壶 集 萃

A COLLECTION OF PURPLE CLAY POTS
FROM DIHOUXUAN